AF210431

Stimmen aus dem Ökozid

Eco : Poetry

Zoe Fornoff, Anni Kaufhold (Hrsg.)

Edition Zeitsprung

Stimmen aus dem Ökozid

Eco : Poetry

Zoe Fornoff, Anni Kaufhold (Hrsg.)

Bibliografische Information durch die Deutsche Nationalbibliothek: Die Deutsche Nationalbibliothek verzeichnet diese Publikation in der Deutschen Nationalbibliografie; detaillierte bibliografische Daten sind im Internet über http://dnb.d-nb.de abrufbar.

Edition Zeitsprung, Berlin 2025
ISBN: 978-3-8192-6433-7

Motiv auf der Vorderseite: Anni Kaufhold
Motive im Band: Zoe Fornoff

Verlag: BoD · Books on Demand GmbH, Überseering 33, 22297 Hamburg, bod@bod.de
Druck: Libri Plureos GmbH, Friedensallee 273, 22763 Hamburg

Wie ist es zu diesem Projekt gekommen?

Anni Kaufhold: Im März 2024 veranstaltete ich mit Marion Kannen eine Lesung in der Alten Schule Adlershof, einem aktiven Kultur- und Lyrikzentrum in Berlin, mit dem Titel „Nachtigall wo bist Du hin – vom Lautleben zum Stillleben?" Hier lasen Autorinnen und Autoren Gedichte zur Naturzerstörung mit passender thematischer musikalischer Unterlegung.

Zoe Fornoff: Die Veranstaltung war ein voller Erfolg, weshalb die Überlegung entstand, eine Anthologie zusammen zu stellen, in der gerade die vielfältigen Stimmen aus der Region Berlin zum Thema Ökozid schreiben. Das Projekt grenzt sich daher bewusst ab von bekannten Schemen der Naturlyrik und erweitert diese im Sinn eines modernen *nature writing*, das dennoch mit ganz unterschiedlichen Varianten von Lyrik spielt.

Welche Zusammenhänge zwischen Natur, Lyrik und Wissenschaft bestehen in diesen Gedichten?

A: Diese Gedichte befassen sich mit dem Einfluss des Menschen auf die Natur, seine enormen Eingriffe in die Ökosysteme und welche Folgen diese haben. So mein Gedicht über eine Nachtigall in meiner Siedlung, deren Gesang jedes Frühjahr erklang, aber nach der radikalen „Kultivierung" des letzten verwilderten Gartens nicht mehr zu hören war. Eins von vielen Beispielen über die Zerstörung natürlicher Habitate in der Stadt und dem daraus resultierenden Artenrückgang und Artensterben.

Z: Das sechste große Artensterben, das wir gerade erleben, ist Thema, natürlich das Klima, die Dürre, die ein Dichter so prägnant beschreibt, der auch in Griechenland lebt, dazu die komplexen Prozesse der Ozeane, aber auch unser ansonsten so gestörtes, vielfach oft gar nicht mehr vorhandenes Verständnis von Natur, das mit der Tatsache, dass immer mehr Menschen ein urbanes Lebens führen, abhanden kommt. Wenn sie erlebt wird, wird sie idealisiert oder nicht wirklich begriffen und erkannt und respektiert in ihren Abläufen. Wir stehen im Wald, der dann auch nur noch ein Forst wäre. Ich beschäftige mich wissenschaftlich mit dem Planthropozän, das nicht den Menschen, sondern die Pflanzen als Architektinnen der Welt ausmacht, Anni ist Biologin. Diese Synergien prägen auch unsere Arbeit als Lyrikerinnen.

Was bezweckt ihr mit diesem Format?

A: In lyrischer Form bekommt dieser wissenschaftliche Gehalt eine erweiterte, intensivere Dimension, weshalb die Rezipienten auch appellativer, emotionaler berührt und die Wirklichkeit des Anthropozans asthetisch und symbolisch greifbarer gemacht werden kann. Wie sehr der Mensch schon eingegriffen hat, nicht nur in Bezug auf den CO_2 Ausstoß, ist vielen noch immer nicht bewusst.

Z: Faszinierend ist, das Lyrik auch so hochkomplexe Zusammenhänge wie im Brennglas aufzeigen und sogar noch aktuellen Wissenstransfer und Diagnostik liefern kann. Auf den literarischen Anspruch wird hier dennoch nicht verzichtet, im Gegenteil. Dabei wird das lyrische Ich wiederholt von diesen Prozessen übermannt – und wechselt die Seiten. Es gibt keine *Um*welt, wir sind klar Teil von ihr. Ausgesucht wurden die Gedichte auch danach, wie sie denn beim Lautlesen erklängen, denn das stille Lesen gibt es ja gar nicht so lange. Es tut der Lyrik, die immer auch Musik ist, selten gut. Sie gehört, genau wie das Thema, nicht ins stille Kämmerlein. Wir planen, mit dem Projekt auch weiterhin federführend, dabei kollektiv und polyphon in Erscheinung zu treten, etwa bei Veranstaltungen im passenden Kontext. Und wir schreiben und forschen weiter. Es geht gar nicht anders.

Das Gespräch führte Marko Ferst.

Zoe Fornoff

Evaporationem Oceanum

Konnte euer neidvolles Auge
Meine Schönheit nicht ertragen?
Mein zwingendes Blau, meinen
Schneidenden Horizont?
Oder die Frage, was sich abspielte
Auf meinem Grund, der euch
Unbekannter blieb als die andere
Seite des Mondes?

Was nutzte ich euch, verdampft,
Verdunstet und betrogen, alles
Ertragend auf Plastikwogen?
Mein Regen wird alle Ufer fordern
Jede Insel tosend unterspülen und
Rächen den Tod der Wale
Sie greifen eure Boote an, das
Meer ist kein sicherer Hafen

Für euch. Die Fische schwimmen
Nicht für euch. Mein Fluch benetzt
Eure Erde und macht sie zum Grauen
Planeten, während ihr endlich verglüht,
Verdorrt, hebe ich den Horizont an, der
Euch versiegt. Denn alles Leben kommt
aus dem Wasser und mit ihm aller Tod.
Keine Sonne rettet Euch vor mir.

Jetzt

Zoe Fornoff

Eulengitter

Kalenderblatt, Schlüsselbund
des Elbsandsteins
Kissen, Kuscheltiere
Postkarten noch
überall, seit ein paar Jahren,
Dekoshop und Schreibwaren
auf Litfaßsäulen, Schildern
des Naturschutzes,
hinter ihnen wird gefeiert,
als Maskottchen
im Hybridauto
ist sie zu finden, die
neue Madonna der Raubvögel

Augenrundes Entsetzen
Drohend niedlich
in der Totalen
geometrisch gefiederte
Zirkelschönheit
in dieser glaukopisen
zweiten, dritten Natur
schon immer auf der
Euromünze
Aristophanes hat es doch
ganz anders gemeint
anyway,
hier nur Eulenspiegeleien

Ihr Parabolspiegel hingegen!
Nicht nur die Augen markieren
Kraft, nicht nur der
wendigste Kopf, nein,
auch die Ohren
ich trachte nach einer weißen
nach jener aus Schnee
wenigstens nach einer

Sumpfohreule, die doch
am Tag auch flöge
die nicht wieder
in der Eulenflucht
im grau in grau

verschwände

doch Tatsache ist,
ich habe noch nie
eine Eule gesehen
in der Klammer
der Dämmerung
die Leere jeder
Nachtwanderung
der eingebildete Schrei,
Uhu'sche Lautmalerei
gleich der Suche nach
dem Tiger
den selbst ewig keiner sah
das ist das Unglück,
das ist der Tod

der Fluch der Minerva,
nicht die Zwischenzeit,
von der man nicht weiß,
ob sie den großen Morgen
bereit hält oder nur
das Schachbrett von
Tag und Nacht
und könnt' ich
wie im Kindeswunsch
mich verwandeln,
so wär' ich jenseits
dieser Gitter,
dann träf' ich sie
sie müsste mich

erkennen

in meinem Sternenmantel

Zoe Fornoff

Die Füchsin

Nun
Da ich mich lang
ins Leben ausgedehnt
Gespannt über den gekrümmten Raum der Erde
An ihrem Boden leicht nur haftend, und manchmal
Die wieder und wieder gärende
Luft ein und aus und ein und
Den Nacken gebogen gen Himmel

Nun ist mir
alles so zauberstill
Wie jene Füchsin, die plötzlich
Im Garten erscheint, meine Hände
In der Seifenlauge, rutschig am Porzellan
Furcht in mein Fenster, alles starr,
Starrt bis auf die wellende Frage des
Wasserbeckens

So nun beäugt
In netzender List zerreißend
Im Kupferschein
Hühner als Opfer bringend
In den Lauf des Jägers sich werfend
Sie deckend, ihre Fährte verwischend bis
Endlich im geheimen Bau ausgestopft
Gespreizte Beute
Sein der Füchsin

Zoe Fornoff

Schildkröten

Alles war schon passiert,
das Haus gekauft,
die Kinder benannt,
sie richtet es ein
zur passenden Adresse
entscheidet
Katze oder Hund
und natürlich die Schulen
was im Garten zu blühen hätte
Gesellschaften gebend
wann und in welchen Tönen

sie geht durchs Foyer,
die Farben ihrer Kleider
passend zur Wand
ein Yogaraum mit gutem Spiegel
das Licht für die Aufnahmen,
für den Kanal
oben dann der größte Raum
die Ankleide, ein Pinterest Traum
den sie heute nicht verlässt
sie scheint nur allein
alle, wirklich, folgen ihr
sie liest nur die Kritik,
zählt nur die Daumen,
der Konkurrenz auflauernd.
zu viel Denglisch, finden manche,
zu viel *greige* und auch Japandi
hat sie wieder was machen lassen?
wir vermissen DIY und Tiere
vielleicht also Schildkröten
für drinnen und draußen
vielleicht was mit *repurposing*
und eine knallige Farbe

blau oder roten Lack
sie lebt davon
seit der Trennung lebt sie davon

das Haus darf sie noch nutzen
zurück ins alte Leben
geht es nicht
bei den anderen sieht sie
Einsamkeits- und Trennungsblogs
ordentlich Clickbait
also, warum nicht

doch erstmal googeln,
wo es Schildkröten zu kaufen gibt,
oder erstmal mieten, ja, besser
wer weiß, wie sie reagieren
wer weiß, wie sie passen
zur Einrichtung und zum Garten
wie sie sich auf Kamera machen
doch bestimmt gut
sie macht sich zu viele Gedanken
läuft doch bei ihr,
sie kreiert *content*, sie entscheidet

Zoe Fornoff

Neofelis

Auch Despoten dichten
Belehrst du mich
während beim Kaffee
die Nachrichten dampfen

Als ein Tier, wendig, camoufliert
putzig fast in neckischer Drehung
sein Blattfell so kleidsam präsentiert
doch wie geheissen in

Rotation über Rotation, Pirouette
fast, auch schneller Lauf
versteht sich trotz
Kettenfüßen im Schlamm

Als du, der Pazifist von
uns beiden, verlautbarst
doch, ja, es geht ja
nicht anders entscheide ich

Nein, wir setzen keinen
Leoparden frei, keinen Geparden,
Marder, Fenneck, Kodiak oder
Wolf, obwohl Wolf, das passte

Zoe Fornoff

Xylothek

Wollten wieder in den Wald
Es war schon zu lange her
Trug sich zu in einer Zeit
Das Kind kennt ihn nun
Aus Büchern, Bildern mehr

Zogen vorbei an fremden
Bäumen in Angst vor Tieren
Was im Fall der Blätterpranken
Wohl zu tun sei, keiner weiss
Wie die Esche, Buche, Birke
Treibt, doch, die Birke weiss

Kinderhand erblüht im Farnenstrauß
Nicht pflücken, Netteltränen,
Vipernhaut, und als es fragt,
Kann niemand es ihm erklären
Richtig es benennen oder fühlen
Geflüchtet in die Jahreszeit

Im Versteck dieses kleinen Schlags
So ungeahnter Nacktheit,
Ausgegorener Dummheit, du
Hast die Romantiker studiert!
Ringe, Rinde, Krone, Kraut

Dir nun alles unvertraut
Abgelegte, aussortierte
Welt, ausrangierte Heimat,
Deine Aussätzigen, sie
Steh'n im Wald, sprachlos

Vor einer Black Box, sinnlos,
In einem Schwarzwald,
Längst verlaufen, lang
Verirrt, blind bemoost
So lichtungslos, gänzlich
Beschämt und richtungslos

Zoe Fornoff

Gejagte

Die gute Jagd endet immer
im Tod, fröhlich oder nicht
nach langatmiger Pirsch
der Aufbruch zur Lebendbeschau
nimm Leber, Herz und Lunge
Wild sei, bevor die Vögel
kommen der Zerlegende
muss schnell sein
muss ein Fuchs sein

Waidwerk den Hunden

Ein Rebhuhn flattert auf
Blut, schamanische Flüssigkeit
bereden, Ängste bannen
bevor die Waldgeisterpfeife
unbarmherzig erklingt
zur Jagd ohne Hund
doch noch mit der Hetzpeitsche
seine vornehme Geste zersingt

Der Wald stöhnt vor
Piqueuren und Waidmännern
er ist ihnen Hundeknecht
das Gewehr gleich im Anschlag
auf Ammer oder Schmalgeiß
denn niemand beschwört mehr
den Geist, beschwichtigt ihn
dankend im Davor und Danach
in Bison oder Bärentracht

Wir versiegeln die Keule,
separieren das Filet
Genuss in der Plastikhülle
ein schwacher Schein

des Tiers, das war und
seine Kraft hier lässt lang
über die Gejagten hinaus
während der Hund, kaum müde
jetzt die Waldschnepfe erhascht

Zoe Fornoff

Gedankliches Geäst

Versiegelt die
Babylonischen Gärten
Zum asphaltierten
Grab der Erde

Verstaut die
Kofferwörter
Zum verwachsenen
Gedanklichen Geäst

Erblickt die morbiden,
Maladen Visionen derer,
Die alle anhalten, alles
Spielzeug zu zerbrechen

Sinkt schreitend durch
Jeden Tag, ohne Blick
Zum an uns zweifelnden Himmel,
Ohne Haptik für jene Zeit, die

Levitiert durch dieses ephemere
Fleisch und es markiert als längst
Gelesen, verkennt darauf den
Traum kühl als verwesend, bis

Daraus nichts weiter erwächst als
gedankliches Geäst, erneut vertäut
Zu blühend Babylonischen Gärten
Auf endlich entsiegelter Erde

Anni Kaufhold

Anthropozän

Für zehn gefällte Bäume
wird einer neu gepflanzt
die Paradiesweltträume
sind alle ausgetanzt

Wir sind im Anthropozän
kein Baum bald mehr zu sehen

Die Vögel verhungern leise
weil wir Insekten vergiften
das sind die Teufelskreise
in die wir nun abdriften

Wir sind im Anthropozän
kein Vogel bald mehr zu sehen

Die Fische müssen Kunststoff fressen
im unendlichen Plastikmeer
wir werden nie mehr Sushi essen
denn Fische sind darin nicht mehr

Wir sind im Anthropozän
kein Fisch bald mehr zu sehen

Vor 60 Millionen Jahren
schlugen Asteroiden ein
das 6. Massensterben
schafft nun der Mensch allein
Wir sind im Anthropozän
müssen uns um 180° drehen

Anni Kaufhold

Artenkiller

Sie sind schon am Verschwinden
im Zoo bald nur zu finden
dort starrt traurig der Gorilla
durchs Glas zum größten Artenkiller

Gorilla, Waldmensch auch genannt
wir sind mit ihm sehr nah verwandt
in 98,3
Prozent des Erbguts sind wir gleich
doch homo sapiens hat auch hier
keine Gnade für das Tier
das im Kongo und Uganda
ursprünglich lebt und ständig wandert
auf der Suche nach veggie food
wilder Sellerie schmeckt ihm gut
doch wird er von den Siedlern dort
vertrieben oft von Ort zu Ort
denn Weideland für Vieh muss her
so rodet man stur immer mehr
das Biotop des schwarzen Riesen
einst Tropenbäume, heute Wiesen
so bleibt ihm nichts mehr übrig dort
vom Wald, und so geht King Kong fort
vertrieben aus seinen Quartier`n
muss er vor Hunger still krepier´n

Drum sind sie am Verschwinden
im Zoo bald nur zu finden
dort starrt traurig der Gorilla
durchs Glas zum größten Artenkiller

Sie sind stark und doch vegan
vom Gemüt her ziemlich zahm
friedfertig und sanft sind sie
zu ihnen war der Mensch das nie

so werden sie noch oft gejagt
weil manchen sehr ihr Fleisch behagt
und regelrecht gezielt verfolgt
ihr Muskelfleisch bringt richtig Gold
ist auf dem Schwarzmarkt sehr begehrt
weil man´s für die Potenz verzehrt

Drum sind sie am Verschwinden
im Zoo bald nur zu finden
dort starrt traurig der Gorilla
durchs Glas zum größten Artenkiller

Milizen führen Bürgerkrieg
im Kongo, doch es gibt kein Sieg
nur ewige Gewaltszenarien
ein Grund liegt auch eindeutig darin
dass das Erz Coltan dort ist
und Bergbau nun den Urwald frisst
mehr Geld – mehr Waffen – mehr Gewalt
macht auch nicht vor Gorillas Halt
und essentielle Schutzprojekte
die man einst hellsichtig erweckte
kommen so nicht mehr voran
im Dschungel kämpft Mann gegen Mann
um diesen schmutzigen Schatz im Smartphone
für unsere Zivilisation

Drum sind sie am Verschwinden
im Zoo bald nur zu finden
dort starrt traurig der Gorilla
durchs Glas zum größten Artenkiller

Anni Kaufhold

Nachtigall, wo bist du hin?

Zwischen den Blocks wilde Restnatur
alter Flieder, Efeu an Bäumen
gestrüppig – üppig, das Leben pur
jahrein, jahraus lud`s ein zum Träumen
wenn im Mai das Lied der Nachtigall
aus undurchdringlichem Astwerk schall

Eines Tags der Gartenbau
ließ keinen Busch, kein blühendes Gras
machte seine Arbeit sehr genau
Lebensraum der Nachtigall, das war´s
kein Lied erschallt mehr aus dem Flieder
kommt sie nun jemals wieder?
Hat sie ein neues Revier gefunden?
Oder ist sie für immer verschwunden?

Anni Kaufhold

Die Macht der Wechselkröte
oder
Leitentscheidung für den Artenschutz

Die streng geschützte Wechselkröte
ist weiß mit giftig grünen Flecken
so kann sie mit der bunten Haut
die Fressfeinde meist gut abschrecken

Doch machtlos ist sie gegen Bauwut
im Marzahner Business Park
denn was ihr größter Feind dort tut
ist reiner Immobilienquark

Der Oberboden sollte weg
in dem die Kröten überwintern
für den Bauherren war´s nur Dreck
drum wollte er die Lösung intern

Doch Artenschutz ist ernst zu nehmen
so landete der Krötenfall
„Kröte gegen Unternehmen"
beim Gericht und das befahl:
Der Artenschutz ist zu beachten
ein Baustopp ist hier einzuleiten
die Kröte kann Big Boss entmachten
wir leben in modernen Zeiten

Anni Kaufhold

Klimanotstand

Keiner weiß das Zauberwort
das dem Spuk ein Ende macht
seit 30 Jahren fünf vor zwölf
doch eigentlich tiefer in der Nacht
Viertel nach vier wär ehrlicher
doch die Wahrheit will man nicht
die Börse ist begehrlicher
„wahr ist nur, was uns nützt" so spricht
der Kapitalmarkt unverblümt
nur auf ein „weiter so" erpicht

Den Ernst der Lage nicht begriffen
hat weder Politik noch Markt
die Klimakonferenz in Dubai
ward sabotiert und hat versagt

Trotz aktuellen Studien
zum Restbudget für CO_2
redet die Klimapolitik
am Emissionsproblem vorbei

Ruht auf Spekulationen aus
zu Rückholung in großem Stil
aber niemand weiß genau
wer und wann oder wieviel

Verschiebt es weiter in die Zukunft
und macht es faktisch unlösbar
was auf die Jugend da noch zu kommt
ist vieles – nur nicht wunderbar.
So klebt sie sich auf Autobahnen
und Flugzeuge und sonst wo fest
um die Großen zu ermahnen
und vor Wut erzittern lässt.

Anni Kaufhold

Zukunftswald

Wo sich nur Ficht`an Fichte reiht
fehlen die vielen anderen Arten
die Folgeschäden reichen weit
Natur kann nicht mehr lange warten

Die Wälder brauchen eine Wende
geplagt durch Dürre, Stürme und
Monokultur mit Schädlingsfraß
nur jeder 5. Baum gesund

Schwere Forstmaschinen schaden
dem Waldboden und Artenmix
so kann ein Projekt Zukunftswald
dies ändern, doch das geht nicht fix

Mulde machen, Setzling rein
aufgemischt mit neuen Arten
wird der Forst verwandelt sein
und als Mischwald so neu starten

Mit Weißtannen und Bergahorn
Rotbuchen und Traubeneichen
wird die Waldgesellschaft bunt
Leben und Vielfalt setzen Zeichen

Die Wildkatze ward schon gesichtet
zum Revier wird´s seltenen Tieren
renaturiert statt blind vernichtet
kann solch Projekt uns inspirieren

Anke Apt

unsere erde

werden
und
vergehen

fressen
und
gefressen werden

alles
energieumwandlung

öl zu wärme
wind zu strom

alles
energieumwandlung

plastikberge
warten zu lange

auf
energieumwandlung

was kann ich
bis zu meinem
vergehen tun?

Anke Apt

Ohne Grenzen

Erhöhte Treibhausgase
müssen stark verringert werden –
gegen die Klimaerwärmung
in allen Teilen auf Erden.

Es treiben die Emissionen
in den Industrienationen.
Entsprechend der Weltcharta
berichtet man aus Produktionen.

Der Maßstab sind Grenzwerte,
gemessen am Ausstoß pro Jahr.
Für alle Vertragspartner
sind die Einsparziele glasklar.

Doch das gilt nicht für alle,
Kriegseinsatz und Kriegsproduktion
unterliegen keiner Prüfung –
ausgenommen, seit Jahren schon.

Ob Kampfjet oder Panzer:
Emissionen exorbitant;
möglich ist nur eine Schätzung,
denn sie werden nicht benannt.

Ein Krieg sprengt alle Grenzen,
Verträge sind null und nichtig.
Kriegsindustrie treibt Profite,
das Erdklima bleibt unwichtig.

Anke Apt

**Am Ostsee 2068
in Brandenburg**

Lachende Kinder am Strand
Schwarze Muscheln im Sand
Murmeln in einer Hand

Weiter Blick wie am Meer
Wind zieht von Westen her
Wie es auf Rügen wär

Segel spiegeln sich bunt
Vor schmalem Waldsaum im Rund
Kohle liegt tief unterm Grund

Menschen in fröhlicher Hast
Weg von des Alltags Last
Finden für Stunden Rast

Flora Bernhagen

Öko-Bau-Biber

Ach,
wäre ich froh,
wenn ich ein Biber wär'.
Mit dickem Fell
ganz regulär.

Kein Stress
Kann mir was anhaben.
Werd' mich in Würde
an Fischen laben.

Mein Damm ist dicht;
– wird stets ausgebaut.
Ist wohlige Heimstatt
und mir vertraut.

Enteignet
wurden Wald und Flur,
für den Bau
des Hauses aus Natur.

Doch wegnehmen
kann Mensch
mir das Ganze nicht,
denn mein Eigentum
hat mehr Gewicht!

Flora Bernhagen

Morgendlicher Tau (Mainzer Straße)

Morgendlicher Tau
Auf den Autos,
In Reih und Glied
Nebeneinander geparkt,
Zum Verzweifeln
Eng für die Fußgänger,
Rücksichtslos ohne
Scham ein Hund,
Trottet dort entlang
Rastet kurz,
Auf dass er
Schnell und geschickt
Seine Notdurft auf
Eine Stoßstange legt.

Flora Bernhagen

Umwelt-Sterbeprozeß

Ende
der 70er Jahre
War es
„10 vor 12",

Anfang
Der 80er Jahre
war es schon
„5 vor 12"

und dann
blieb die Uhr stehen

Zehn nach Zwölf

Halte
dich
Nachhaltig!

Nach Halt

Zurück

Epilog:
In Anlehnung an die bereits in den 80er und 90er Jahren erfolgten
leeren Versprechungen von einflussreichen Personen des öffent-
lichen Lebens (Politik) aber auch an die Willensbekundungen des
„gemeinen Volkes" zum Thema Umwelt-, Klima- und Gesund-
heitsfürsorge, vermeintlich die Mißstände und Zerstörungswut
der eigenen kapitalistischen Gier und angeblich alternativlosen
Bequemlichkeit zu beenden

Flora Bernhagen

Gast auf dieser Erde

Zu Gast in meinem Haus
Zu Gast in meiner Straße
Zu Gast in meinem Viertel
Zu Gast in meiner Stadt
Zu Gast in meinem Land
Zu Gast auf meinem Kontinent
Zu Gast in dieser, meiner Welt.

Ich bin eine
von vielen Milliarden Besitzlosen,
die für den Moment des Menschseins
die Erde zum Leben brauchen.

Wolfgang Endler

Unerwartete Chance

Klimaveränderung
ist keine Katastrophe
schafft sie doch
mehr Raum
für Rufer
in der
Wüste

Wolfgang Endler

Vorausschau

Passte die weite Welt
wirklich in eine Nussschale
schenkte ich sie dir
zu Weihnachten
in einer Kühltasche
angesichts
drohender
Katastrophen

Wolfgang Endler

Splitter

Aufbauende Weisheit der Inuit
der Schnee von gestern
ist der Iglu von morgen

Coole Frage – definitiv
Warum Angst vor einer neuen Eiszeit?
fragte sich in der Kühlkammer
die Wasserleiche.

Zukunftsfähige Frage zu US-Innovationen
Gibt es tatsächlich
einen klimabedingten Zusammenhang
zwischen der Erfindung von Snowboarding
und Waterboarding?

Heißer Tipp
Wenn dir das Wasser bis zum Hals steht,
denk an Sonnenbrand in der Sahara.

Wolfgang Endler

Neuköllner Sommermorgen

Restnacht verfliegt
  morgenkühler Blick

Offenfenster blinzelt
  hinterhofverliebt

Nachtschichtduft
  aus der Cafeastraße
verfrühter Nachmittagsgruß

Hitzerekord droht
  hinterm Thermometer

Sonne schleicht
  katzengleich

Wolfgang Endler

Zweiter Frühling

Mit dem rechten Auge
deinen Blondschopf im Blick
im linken Augenwinkel
goldene Forsythiablüten
mitten im
September

Wolfgang Endler

Schwierige Konsequenz

Deutsche Energiekonzerne
wollen Atomausstieg auf Eis legen
schade nur
dass es kaum noch
Gletscher gibt

Wolfgang Endler

Osterspaziergang 2022

Auf Erich Fried's „Was ist uns Deutschen der Wald?"

Altgewohntes Wandern
unterbrochen durch Baumbarrikade
Kiefern-Birken-Mikado
windgeworfenes Riesenspielzeug
verstörende Diagonalen
Wachstum im Totholz
Hünengrab in Sichtweite

Wolfgang Endler

Zeitverschiebung

Klimakatastrophe
auf Gipfeltreffen in Durban
definitiv verschoben
auf nächsten Gipfel
ohne Gletscher

Marcus Epha

Alles fließt

„Eine gerade Linie führt immer nur ans Ziel."

André Gide

Der Fluss hat seine Schleifen
und Zweigungen verloren, jetzt tritt er
über das Korsett der aufgezwungenen Einfassung
und stürzt sich auf Straßen und Häuser,
reißt Autos mit seiner Hochwasserwut,
bricht ein in Schlafzimmer und Keller,
macht Erde zu schlammigem Brei
und scheucht die Menschen aufs Dach.

Kameras machen sich ein Bild
von der Lage, Politiker versprechen Mikrofonen
das Blaue vom Himmel
und reisen bald ab.
Nachrichten verbreiten heilige Schauer. Die Erinnerung
vergisst schnell.

Marcus Epha

Ausflug

Windräder nadeln die Bergrücken.
Zwischen Ginsterflecken äsen schwarze Ziegen.
Ein Rocksaum des Paradieses, inmitten
menschenloser und ausgedörrter Welt.

In der Senke schlängelt sich ein Fluss
zwischen von der Zeit geschliffenen Felsen,
gerahmt von Schachtelhalmen und Farnen,
beschirmen alte Platanen den Grund.

Eine Brücke der Liebenden und ein geschlossener Kiosk
sind die einzigen Zeugen der Zivilisation.
Ein Wimpernschlag Glück
verstellt der Weltlage den Zutritt ins Herz.

Marcus Epha

Sommerferien

Die Insel vergisst ihre Grenzen,
wo sich der Himmel
mit Meerblau betrinkt.
Hochsommer,
unter den Fußsohlen
brennt der Sand.

Die Hitze treibt Schweiß auf die Stirn,
nachlässig wischt der Handrücken ihn fort.
Eine Zigarette, zwischen Zikaden geworfen,
schon fangen die Disteln Feuer.
Steineichen flammen auf, der Brand
rollt durch Pinienwälder ins Tal,
überspringt das ausgetrocknete Flussbett,
greift nach dem Dorf.

Die Flammen verschlingen die Luft,
Rauch verdunkelt die Sonne.
Athenes Eulen sind ausgeflogen.
Zerschmolzene Autos
legen Zeugnis ab.

Marcus Epha

Es wird schon wieder

Die Gletscher schmelzen
zu Tränen und rinnen ins Tal,
lassen den Blick über nackten Fels
und Geröllfelder wandern.

Die Abfahrt ist eine Piste
aus zerschundenen Grasnarben,
bald verdeckt vom Beschuss der Schneekanonen,
damit die gute Laune zu Berge fährt
und auf Kunstschnee hinab.

In der Almhütte stößt Glas an Glas,
perlt der Champagner, den der Ober
in den Eiskübel stellt. Glaubt mir,
sagt ein Herr lächelnd,
alles ist halb so schlimm.

Marcus Epha

Frühling

Der Rauch, windverweht,
steigt zu den Sternen, ein Schleier, darunter
die Schlangenzungen des Feuers.

Einige Regentropfen Trost.
Auf der Dachterrasse verstreut
genießen die Katzen das letzte Licht.

Die Erde gleicht Tonscherben,
die jemand vergessen hat.
Erzählen von einem Krug, der kein Wasser mehr hält.

Die Katzen sind verschwunden,
wie Wind und Rauch und Wolken.
Allein bleibt das Blau.

Marcus Epha

Juli

> *„Ich glaube vielmehr, dass es auf unserer von der Technik beherrsch-*
> *ten Erde und mitten zwischen den lauten Ansiedlungen der Men-*
> *schen immer noch Orte gibt, die den Geistern gehören. "*

Marie Luise Kaschnitz

Die ersten Linden
werfen gelbe Blätter ab,
die auf dem hart gebackenen Boden
landen, wo sie unter den Schuhsohlen
knistern.

Heiter soll es werden, wolkenlos und trocken.
Die Sonne, einst herbei gesehnt,
ist ein glühendes Drachenauge.
Zur Kühlung gehen wir in den Supermarkt,
öffnen die Tiefkühltruhe, ohne etwas
Bestimmtes zu suchen. Die Wasserregale
sind ausgekauft. Draußen schlägt
wieder die Hitze zu.
Ein Kondensstreifen zerschneidet den Himmel.

Marcus Epha

Umwelt

Auge und Pupille
gehören untrennbar
zusammen.
Wie wir
und die Welt.

Wenn wir nicht sehen,
dass sie uns in sich
und wir sie in uns tragen,
bleiben wir taub für das Sägegeräusch
am Ast, auf dem wir sitzen.

Das Wort UMWELT wird in die Wüste geschickt.
Wir sind weder Mittelpunkt noch Herrscher,
sondern sollten Teilhaben am Staunen,
um in die Vielfalt der Welten zu sinken,
während Moose und Pilze
unsere Lebensspanne überdauern.

Marcus Epha

Wanderung

Meine Gedichte gehen
durch gerodete Wälder,
wo Borkenkäfer und Sägen,
ihr Werk vollbringen.

Späne und Rinde, achtlos liegen gelassen,
Reifenspuren drücken ihr Siegel
in den verödeten Boden.

Der Blick ist jetzt frei
auf den nächsten Hügel,
eine Glatze aus Erinnerungen,
die sich im Sande verläuft.

Marko Ferst

Australische Feuer

Die Dürre
geht ins vierte Jahr
Ballett der Fischbäuche
immer wieder rationiertes Wasser
grüne Rinnsale, giftige Algen
in leeren Flußbetten
von Oberläufen
wird noch immer
Baumwolle exportiert
Kapseln der Korruption

In braunen Staub
verwandeln Felder sich
dunkel die Stimmen
kein Halm Weizen mehr
die Schafzahlen sinken rapide
nach immer mehr Bauern
greift eine schwarze Klaue
der Bankrott summt
still in den Küchen
als diabolische Zumutung
galt oft genug
wenigstens vorzusorgen

Ein Rekordjahr
mitunter wie Schnellzüge
rasen die Flammen
über Wald, Busch und Häuser hinweg
Rauch von kontinentalen Ausmaßen
Meereswellen als Fluchtort
Canberras rotes Gestirn
am orangen Himmel
die Brandglut verschlingt
Känguruh und Koala
Schleppe von einer Milliarde Tieren

schwarzgeräumt ein Areal
größer als das ostdeutsche Land
Alpträume aus Kadavern
höchste Stände für
Thermometersäulen
Tankstellen explodierten

Australien verschifft
den Untergang
aus seinen Kohleminen
Zündstoff für neue Megabrände
bisher steigen rasant
Mengen und Gewinne
Premierminister Morrison
sonnte sich auf Hawaii
laboriert üblicherweise
am Klimasuizid
Feuerwehrleute sollten
unbezahlt bleiben
niemand will ihm die Hand geben
ausgepfiffen braust er ab
doch Hohepriester von Lügenliedern
verstummen nur selten
für neue Abbauherde
liefert Siemens
die Zugsignaltechnik

Hagelbälle oder Sintflutregen
Petrus krönender Spott zuletzt
homosapisches Treiben
gelistet als unangepaßt
Fische aus Flüssen
in Bassins gerettet
Tierstationen ausgebaut
Brandwunden, Blasen behandelt
Heilkuren für Wombats
gegen den Hunger Mohrrüben
abgeworfen auf verbrannte Öde
Gerippezeiten

Wellblech und zerbröselte Steine
flüstern vom Vorspiel
die Schachzüge
der nächsten Dürren
sind eröffnet
längst überboten eins Komma fünf Grad
der Schlund der Wüste
rückt immer näher
versteckt vom feurigen Austrieb
des Eukalyptus

Wie ein Geflecht aus Rätseln
die Grabenbrüche im Anthropozän
lauert das Outback auf neuen Pfaden

Marko Ferst

Blaues Wüstenauge

Salzschleier ziehen hinweg
über die Ebenen, die Menschen
dein Blick erloschen
Kamele rupfen karges Grün
auf einstigem Seegrund
wo schwammen deine Fische hin?
großer blauer Aral
die Aile beherrscht der Sand
ihre Zeichen ritzt frische Armut
in unförmigen Auswüchsen
Meter um Meter
sank die Hoffnung
rostige Fischertrawler
ankern auf vergessenem Posten
ein Abschied für immer
und es flohen
immer mehr packten ihre Habe
und niemand atmet mehr
frühere Kurluft
verwaiste Kinderferienlager

Einst hatte ich noch
deinen letzten Blick erhascht
auf meiner weiten Reise
gen Buchara und Samarkand
selbst die Wölfe
darben unter der kurzen Ernte
tumben Fortschritts
Baumwollkleider trockneten
Augen, Tränen, Flüsse
spalteten auf die Kettenglieder
von Generationen
Bauernhände ruhen
auf unfruchtbarer Erde
Fischer bleiben ohne Ufer
niemand kann gesunden
nur die Klage überdauert

51

Marko Ferst

Blickwinkel

Was werden
sie sehen die Augen
der heute Neugeborenen
im hohen Alter?

Einmal selbst sehen
mit diesen anderen Augen
zu einer späteren Zeit

Wer jetzt geboren wird
riskiert zu sehen
was übrig bleibt
von dieser todgeweihten Zivilisation

Einmal sehen müssen
die Schneise der eigenen Schuld
das Schattenreich
moderner Industriehybris

Die Ohnmacht schon kennen
aber einmal sehen
die monströsen Folgen
mit den Augen
der Jüngeren

Würden wir
auf die Barrikaden gehen
gegen unsere eigenen Wünsche

Marko Ferst

Jahrtausend-Linien

Drei Millimeter im Jahr
wie harmlos
vom Ende her
rechnet kaum jemand
die Bande zwischen
den Generationen
zerfetzt
die Ozeane holen sich
sämtliche Tiefländer
studiert die Atlanten
grün wird ihnen blau

Im Eozän
Schlote pfeifen
Säugetiere wie Zwerge
Antarktika als Südsee
Kontinente auf Reiserouten
tief versunken
in Wasserwelten
Zeugnisse
von früherem Landgang
alles ohne Eispanzer
geöffnet die Gitter
Methanhydrate
im Heißzeitschock

Ein Grad global wärmer
unter dem Strich
satte 15 Meter Höhe
die Scheidewand
zwischen zwei und drei Grad
Meeresstrand durch Berlin
oder vor Dresden
kein Halten
Kiel, Hamburg und Rostock

auf dem Weg
nach Atlantis
ganz sicher schon
im Zug auf
Jahrtausende hin

Falls nach unseren
pyromanischen Beben
noch Klopfzeichen hörbar
was berichtet man
über das große Tauen
die blindem Wahn
verfallenen Vorfahren
die fluteten
all die Ackerhorizonte
Zehrung für Milliarden

Neu geschrieben
wird die Geschichte der Sintflut
eher nicht als Bibeltext

Marko Ferst

Das Treibhaus öffnen

Sie zermalmen
ziehen ab die Erdhäute
Treibjagd auf Häuser
der Sand räumt
die Erinnerungen aus
die Bestände des Tertiär
landen auf Förderbändern
große Mäuler schlingen
feurig die Massen
und den Kühltürmen
entsteigen weiße Kolosse
versteckt die Fäden
der Herzinfarkte
die Zeichen der Lungen
und des Atems

Brücken
sind die Technologie
des Untergangs
sabotiert das Handwerk
der Lobbyisten!
es hilft nur
Sonnenlicht zu fangen
auf blauschwarzen Tafeln
sinkende Verbräuche
sich nicht zu verlassen auf jene Ströme
die immer neue Dörfer auslöschen
Wasser, Wind und Sonne
speisen ins eigene Haus
mit Ökoanbietern
die neue Anlagen richten
oder mit eigenem Engagement
immer mehr Pfade
in eine solare Republik

Marko Ferst

Revolution

Ganz nebenbei
auf der Strecke bleiben wir
ihr treibt uns die Wüsten zu
Düne um Düne folgt
Knochen fallen zu Staub
ihr radiert uns aus,
das Erbe eurer Gesichter
im Labyrinth blinder Tagestakte
gefangen in einem monströsen System
geronnener Monolith aus Raffgier
ein Himmelfahrtskommando

Demokratie wie Fallbeile
mit zeitlich beschränkter Haftung
alles hängt an eurer Hybris
die Seilschaften der Aktienkurse
aufgeschüttete Bastionen des Wohlstands
der Erfolg jener Artefakte
eine Träumerei in der kurzen
Blütezeit des Mammons
evolutionäres Irrlichtern
jedes Stück Leben parzelliert
und zugerichtet

Wenn wir nun aber aufbrächen
zurück über die Viadukte der Zeit
unsere Freiheit zurückzuholen
Pfeiler gründen
Wege über euren faulen Pfuhl hinweg
mit all unserem besten Geist
im Rücken die Erfahrung
zerschundener Erdenökologie
euch in Fesseln legten
sämtliche Regeln und Schlüsse
ummünzten in das Brot
vieler Generationenfolgen ...

56

Würden wir jene
hinter Schloß und Riegel sperren
die satanische Litaneien
in Wirtschaft, Politik und Lobby bliesen
es zöge ein erster, leichter Zug
von neuer Frühlingsluft
durch die Flure der Zivilisation
die Revolution flimmerte grün
auf blutige Eskapaden
warten nur die Falschen

Peter Frank

Frau am Ostseestrand

Im Sand noch die Kinder,
ihre kleinen, schweren Eimer,
ihre Schaufeln, ihre bunten Formen.

Windspiele der Yachten,
leise an den Leinen schaukelnd
im blaugrünen Licht der Wellen.

Herangewachsen,
vermehrt die Algenbrut,
genährt von Stickstoff & Phosphor,
gemästet an Dünger & Gülle,
gesunken ins Dunkel der Aalmutter.

Am Strand steht eine Frau,
zerschunden,
das Kleid in Fetzen,
Rauchgeruch im Haar,
im Blick Leere,
der Mund müde,
aller Worte bar.

Lass gut sein, Kassandra.
Du bist ohne Schuld.

Wir,
das blinde & taube Geschlecht,
sahen nicht die Schrift
an lehmiger Wand,
hörten nicht die
Warnrufe der Uferschwalben.

York Freitag

quasi ikarus

1

wenn ich 1 windrad
wär + auch 3 flügel hätt

2

wenn ich 2 windräder
wär + auch 6 flügel hätt

3

wenn ich 3 windräder
wär + auch 9 flügel hätt

4

wenn ich 4 windräder
wär + auch 9 flügel hätt

5

wenn ich 5 windräder
wär + auch 4 flügel hätt

York Freitag

1½ m buchsbaumhecke

1 sperling zu sein, winterhart, am
verkehrsknotenpunkt, der frost atmet;
in 20 min an der baustelle vorbei
ist machbar, man hört motörhead oder
die ärzte; die digitaltafel weist
auf die sperrung der innenstadt hin, gedenkt
der verkehrstoten seit anfang januar.
Dagegen: 1 sperling zu sein, vielleicht
auch die 1½ m buchsbaumhecke
aus der er tschilpt zwischen stoppschild +
warnbake, zeitgemäß + entsommert

York Freitag

-stoff

kunststrand + kunstmeer + kunstmond + kunst-
fisch + kunstwind + kunstbaum + kunstobst
+ kunsttisch + kunstbrot + kunstspeck + kunst-
maus + kunstlust + kunstschwanz + kunsthirn
+ kunstherz + kunstangst + kunstfeind + kunst-
krieg + kunsttod + kunstgras + kunstschaf +
kunstgott + kunstich + kunstkunst + kunst-

York Freitag

hl heißzeit

5 nach 12 erschüttre ich
meine augen + hirne mit der wahrheit
alles ist tot: das brot + die not

5 nach 12 sind die *musici*
mittot (vgl. die der titanic). Aber
die *musica* lebt (vgl. den binnenreim oben)

5 nach 12 sinken wir durch fisches nacht-
gesang: *worldwide implosion.* In die
katakomben der maroden materie

5 nach 12 + ich konstatiere ich lebe
(noch oder wieder) + dass ich hals/kopf rette
durchs folgeloch

5 nach 12 rottet sich 1 nachhut
zusammen. Was können wir außer mitmarschieren
+ mitdiffundieren (mitmarodieren ist *passé*)

5 nach 12 liegen die trümpfe
ouvert. Das konnten wir früher nie:
die spielerhände so untern tisch fallen lassen

5 nach 12 erübrigen sich mein ich +
viel du. Ich: 1 gelöstes umweltproblem;
du konkretisiert (für dich): viel gelöstes ödem

5 nach 12. Ich konstatiere: *reim! musik! 2. leben!*
in welcher dimension immer: hl. eiszeit
oder hl. heißzeit (neu oder weiter)

5 nach 12 + mancher wacht + wacht nicht auf,
sieht aber (sich von außen) er träumt davon
aufzustehn + fragt rum: *wann/wo*

5 nach 12 sind die antworten roh-
material; das erz für innovative steigeisen kocht
unter der ballung des alls

5 nach 12 ist das all silo für alle
je gedroschnen gedanken + überlegt evtl.
nachzusäen: *tabula rasa*, frischen *big bang*

Rainer Gellermann

Hang

Wir wandern gegen die verronnene Zeit,
gegen den Hang
und seine Neigungen.

Knackige Tothölzer,
Fortsetzung unserer leichtlebigen Geschichte
grinsen spröde aus dem Gebüsch.

Steine, abgerundet wie ehedem.
Wir treten sie mit Füßen,
bis sie kornknirschend nachgeben.

Auftreten, abtreten, nachtreten.
Feine Steinsplitter rieseln.
Der nackte Berg erträgt stoisch sein Schrumpfen.

Oben bläst der Nordwind
mit steigenden Temperaturen
flattrige Bedenken ins Nirgendwo.

Wir wissen,
dass wir die Schuldigen sind
und können es nicht glauben.

Joachim Gräber

Flurwandel

Der Städte Umland, ehedem Natur,
zeigt mehr und mehr stark ausgefranste Ränder,
zersiedelt liegt, Relikt von Wald und Flur,
was fiel anheim dem Netz asphalt'ner Bänder.

Mit Lagern, flach auf Wiesen hingestreckt,
hat das Gewerbe Herrschaft angetreten,
Begehrlichkeiten wurden flott geweckt,
Logistik zog ins Feld, doch ungebeten

von dem, der lange schon den Landstrich kennt
und jedes Wiedersehn mit dem Gelände
erlebt so wie im Fahrstuhl durch die Zeit.

Sucht auf gezielt, was blieb ihm existent:
den Findling auf der Höh' und Forstbestände,
dem Kult des Fortschritts vorerst nicht geweiht.

Regina Jarisch

winterzweifel

auf äckern fangen wir die sonne
und den wind in rädern

wir freuen uns über das fernab
unserer stadthäuser

halten plakate hoch
über dem dorfidyll flattert zorn

der winter verweht keine zweifel
und eisberge wachsen

möglich eine sintflut wird kommen
doch glauben wir an nichts

Monika Jarju

Feldbefreiung

Hier, zwischen gleichgültigen Winden sichten
Schmetterlinge Einzelheiten verschwundener Gene
Das ganze unsichere Terrain alter Erde & Erbe

im Oderbruch beschriften Bauern Felder neu
bestimmen nachhaltige Distanzen
Eins, zwei, drei –

ritt die Sonntagspolizei über giftgelben Feldrand
knisterten Schlagstöcke, schlugen Pollensaat windig
jagten Anrainer, Reiniger & Feldherren barfüssig

über verfluchte Furchen und Pfützen
sperrten grüne Bauern hinter Gitter & Schmetterlinge
– bald eine getilgte Erinnerung

Marion Kannen

frühling24

springt auf
klappmesser

glasgespickt angst
wutnacken blecken

reisszähne fass hass:
herz leber magen darm

hart von der leine
spuckt tritt prügelt

rasender mob
seine kinder
die an der straße kleben

Marion Kannen

auf ! hören

allesfressermassen umrollen forfutures
in wuchender lemmingsturzwut

spiralig ausgreifendes schnellwachstum
in kosumverschwörungstheorien

gipfeln in johlendem schlingschluckersticken
erbrechen im platzenblasen

osmoseversagen zelltodursachediagnose:
zuvielzuvielzuvielzuvielzuvielzuvielzuviel…

Marion Kannen

Klimakampfobst

wie weich
zart und süß
auch immer

das fleisch

welch duft
farbe
geschmack

die haut

tief innen
der kern
hart

überlebt.

Menschen leer

einprogrammierte
Selbsteliminierung:

bei zerstörerischer Fehlfunktion
rottet sich die Krone aus

Schöpfung bewahrt

Marion Kannen

nimmer
satt

wieder weiche
weiße erde

eis tropft ein
wir stecken fest

im satten dreck
vom eignen fett

Marion Kannen

S O S unverwundbar

nach den blättern
werfen bäume
tote spinnen ab

erratisch flimmert
erster schnee
morsezeichen

wir zählen vögel
saufen ab und glauben
wir baden in drachenblut

Andrzej Kikal

Westpommersche Wälder

Am Hafenufer
vorbereitet zum Abtransport
in ferne Länder
vielleicht nach China

liegt
wie ein Holzklotz
ein zu Boden gestreckter Wald
vielleicht auch zwei

Sonnenaufgänge
die Spuren des Fuchses & Co
das Pfeifen der Winde
vielleicht auch der Harzduft

sind jetzt bloß rostige Zylinder
in Kubikmeter erfasst
in Halden gepresst
Vielleicht weil ...

Michael Matzke

Regenwald

Üppig grüne Wälderwände,
amazonaseng umschlungen,
unserer Erde junge Lungen
brennen hell durch Menschenhände.

Rohe Bodenspekulanten
streuen stetig Feuerwalzen,
dort wo Papageien balzen,
dampfend in die Dschungelkanten.

Das Gebet der Indigenen
um Sauerstoff, um Licht, um Leben
weiht den Regenwald nur denen,

die dem Brandraub Riegel geben,
gegen Gier und Geld sich lehnen
und schwingend über Grünem schweben.

Jürgen Polinske

Der Himmel darüber
Azuro
Rom – ein Hit
Romulos- und Remusmöwen
übten den Touristenbettelschrei
in unserm Klosternachtquartier
Gelbschnabelgekreisch,
massiv und laut
auch überm Vatikan
ohne Gläubige
in der Endlosschlange
zu verschrecken

Azuro
im Kopf diese Melodie
entgegen weißgrauer Noten
eingefangener Wolken
vom eisernen Geländer
am Tiber und der Bäume
sie krallen sich vom Himmel
Azuro

Rom, 2020

Jürgen Polinske

Ein Baum
der Erde entrissen
gefallen
zersägt
in kamingerechte Scheite

Nur allerdünnste Zweige
gehäckselt
düngen

Ungerecht
ein solcher Handel

Jürgen Polinske

Die Dohlen
meiner Kinderzeit
kreisten, krakelten
um die oberen offenen Fenster
am Kirchturm.

Aber neulich, plötzlich
die Dohlen
am Großen Windkanal
auf noch nicht bebautem
Berliner Grün.

Wo in der Wissenschaftsstadt,
sind da die alten Gemäuer?
Glänzt doch überall Glas.

Raoul Rott

Punkt 12

Wenn die Blumen standhaft wachen,
die Erde sich still weiter dreht,
wird alles Leben strahlend lachen,
dass die Menschheit untergeht.

Ein Funke nur im Universum,
nichts weiter ist`s, nichts weiter war`s.
Die Schönheit und der Glanz all dessen,
krachend mit Fanfaren barst.

Aus dem Willen für das Große,
kam der Wille nach noch mehr.
Der Moment hält plötzlich inne,
ewig während, doch so leer.

Lebten wir doch ohne Reue,
ohne Scham und ohne Rast.
Ist das Leben einzig Wille,
bis du es verloren hast.

Zeit zeigt uns, dass unsre Sonne,
kraftvoll nicht auf ewig währt.
Unbekümmert, unbetroffen,
vom Horizont das Leben nährt.

Und wenn alles Leben schwindet,
in Dunkelheit auf ewig ruht,
wird sich zeigen, dass nicht schindend,
Zeit das unabdingbar tut.

Kathleen Scholz

das billigste loch

unter arktischem eis
treiben geisternetze ihr unwesen
wegwerfprodukte
legen weite wege zurück
bevor sie auf spitzbergen
zu müllbergen werden
gern glauben wir das
grüne geschummel
der großen giganten
es beruhigt unser
gewissen
während wir weiter
shoppen, schlemmen, streiten
den richtigen zeitpunkt
verschlafen
uns zu besinnen
zusammen für einen
klugen kreislauf zu kämpfen
bei dem nicht nur
kapitäne profitieren
sondern auch die mannschaft
und müll nicht mehr
im billigsten loch landet

Magnus Tautz

Mein Licht. Mein Abend.
Mein chronisches Zucken im Barfußgang.

Ihr hellen, vom Shooting
zerkratzten Promenaden,
ihr schwindelfreien Insektenpaare,
die ihr billigen Trompeten folgt,

waschmaschinenweiß spült ihr
uns Wörter ans Land,
ihr Skelette uralter Rufe.

Wo ist die Insel,
die du für mich gemalt,
wo die Wälder,
die heute wie Spiegel schlafen.

Zögernd verlässt du das Fleckchen
Dunkelheit, zeigst eine offene Hand.

Komm, sagst du, sie rechnen mit uns.

Magnus Tautz

stumm
reitet der himmel vertrautes,
das immergleiche, herbergen
des aufstiegs,
des abstiegs,
eine ganze skyline unsichtbaren mülls,
wolken aus gummi und plastikformaten,
ein teich mittendrin,
ein schwan mit buntem hals.

lakonisch
dreht er mir sein unruhiges wesen zu,
sein paralleler blick aus magisch
entwurzelten tabus,
freskenentnommen,
verästelt mit jedem wiegenkind des kosmos',
mit jedem haar,
eingeprägt wie hölderlins
birnen in abertausend splittern, spiegeln,

erwählt, beschädigt,
blassen dialogen entkommen,
manisch sein verwirrtes kreisen,
geist noch immer über den wassern,
fingerabdrücke in der gebrauchsanweisung,
andereinandergeheftete momente:
blättern, stolpern, kichern,
es riecht nach abriss.

Magnus Tautz

möwen. fraß und schreie

wir spielen mit containern im meer,
fangen nichts an mit dem himmel, zu spät,
sagst du,
für ein gemälde
die lichtverhältnisse,
die innere
buchführung,
schlecht ausgeleuchtete statisten
an den straßen
fehlt mir das vokabular
für abgestorbene pflanzen
was geht bei regen,
was bei schnee
was macht die ernte
hatten wir nicht unverschämtes
glück, als uns die fische
ins boot sprangen,
mit jeder sicherheitskamera kommen
wir uns näher, betasten unsere wangen,
unseren gewinn
wir spiegeln das dunkel in die
mitternacht, mit jedem licht fällt
uns was ein, das atmen schwerer,
wir werden uns treffen, ganz bestimmt,
wenn wir die oberfläche erreichen, uns
zuzwinkern und mit schrägen mündern
einen bogen um uns machen,
es einen spaziergang nennen.

Magnus Tautz

Nicht im Bild

Jemand hat die Erde angesteckt
mit falschen Nachrichten, in jedem
Feuer lodern falsche Zahlen, Tiere,
als hätten sie kein Recht, erwähnt zu
werden. Auch nicht im Bild der Mensch,
der sich suchend umdreht und fragt,
wer das war. Versprechen gehen
um die Welt, gestählte Überzeugungen,
die einen Moment den Raum ausfüllen,
bis Brasilien reichen, bis in den Busch
von Australien. Aber betretet sie langsam,
nicht hektisch die Brücke aus Wörtern,
man weiß, wie zerbrechlich das sein kann.

Volker Teodorczyk

Havarie

Es flöten Druckventile
Wenn Kernbrennstäbe qualmen
Passiert's im großen Stile
Wachsen in Grönland Palmen

Es leuchten die Gewässer
Wie sie des Nachts erstrahlen!
Und auf dem Röntgenmesser
Quadrieren sich die Zahlen

Des Hasen Fell wird bunter
Und Igels Stacheln länger
Die Feldmaus steigt fast munter
Auf einen Waldlaubsänger

Und ohne Federn schwitzen
Die vielen Eichelspäher
Weil Stäbe überhitzen
Kommt auch ihr Grillpunkt näher

Dann endlich fliegt die Kappe
Vom Brüter, ziemlich hastig
Als wäre sie aus Pappe
Das Mauerwerk aus Plastik

Die Explosion war mächtig
Mit großer Farbenfülle
Das Umland schimmert prächtig
Fast religiöse Stille

Der Chef von dem Debakel
Entkommt knapp dem Finale
Nun wachsen ihm Tentakel
Aus seiner Großhirnschale

Dirk Tilsner

Fragen keines dahin-Pesenden

Wie verstaubten die mesopotamischen Ebenen?
In den Büchern stehen die Namen von Königen.
Hat Hammurapi selbst das Salz herbeigeschleppt?

Woher floss all das Korn in die Kammern des strahlenden Roms?
Wohin zogen damals schon, wenn das Land *fertig* war, die Bauern?
Die Osterinsel ist voller Statuen. Haben die Götter
die Palmen für ihren Transport geschlagen?
Als Philipp von Spanien Rotzblubbern heulte, wie viele Wälder
versanken mit seiner Armada?
Selbst in der Nacht, in der die Exxon Valdez auf Grund lief, brüllte
kein Tier ums Überleben.

Müll erobert jede Stadt in Indien.
Dort allein?
Wir exportieren den Abfall.
Ist da nicht doch wenigstens etwas von dir dabei?

Der Delphin verreckt im Treibnetz. Warum weinst du nicht?
Ein feiner Herr siegt mit sieben Lügen.
Wer siegt außer ihm?
Jeder Sieg eine Pleite.

Wer kocht die Suppe aus?
Alle zehn Sekunden ein Aussterben.
Wo bist *du* schon wieder gewesen?

So wenig Verzichte. So wenig Fragen.

in Anlehnung an "Fragen eines lesenden Arbeiters" von Bertolt Brecht

Eco:Poetry   Kurzbiografien

ANKE APT lebt in Berlin. Vorsitzende der „Poeten vom Müggelsee" e.V. sowie Präsidentin der „Gesellschaft der Lyrikfreunde", Tirol. Vertreten in zahlreichen Anthologien, zudem Einzelbände wie „Leuchtende Augenblicke".

FLORA-EVELYN BERNHAGEN lebt in Berlin als Autorin, Lieder- und Filmemacherin. 2010 gründete sie den „Flora MW Verlag" und veröffentlicht kontinuierlich Gedichte und Prosatexte zu zahlreichen gesellschaftspolitischen Fragestellungen.

WOLFGANG ENDLER Gedichte erschienen in Anthologien und Literaturzeitschriften. 1. Preisträger beim Hattinger Aphorismus-Wettbewerb, Mitglied der Lyrik AG des Verbands deutscher Schriftstellerinnen und Schriftsteller. Er lebt in Berlin.

MARKUS EPHA lebt in Berlin und auf Euböa als Lyriker und bildender Künstler. Seine Arbeiten erscheinen in zahlreichen Publikationen. „Worüber ich eigentlich weinen möchte, davon will ich ein Lied singen."

MARKO FERST lebt bei Berlin. 2017 erschien „Jahre im September. Erzählungen und Gedichte". Er arbeitet als Herausgeber und ist Preisträger eines deutsch-polnischen Literaturpreises für Lyrik. 2021 erschien „Einzug in die Stille".

ZOE FORNOFF arbeitet nach diversen Auslandsaufenthalten als wissenschaftliche Publizistin und Autorin in Berlin. Neue Lyrik erschien in der Anthologie des Ulrich Grasnick Preises 2023 sowie in „Berge und Sichten" und „Am Morgen nach dem Schneefall". Ihre Arbeit wurde beim Lyrikwettbewerb 2024 prämiert.

PETER FRANK lebt in Oststeinbek. Aufnahme von Gedichten in Zeitschriften und Anthologien, so in mehreren Bänden des Hamburger Jahrbuchs für Literatur. Er erhielt 2019 den Ulrich-Grasnick-Lyrikpreis.

YORK FREITAG ist Journalist, Lektor und Lyriker. Für seine Lyrik und Prosa wurde er mehrfach geehrt. 2019/20 Autorenausbildung im Schreibhain Berlin, seit 2017 Juryvorsitz beim Ulrich-Grasnick-Lyrikpreis. Er lebt in Berlin.

RAINER G. GELLERMANN lebt bei Braunschweig und schreibt vor allem Lyrik. Seine Gedichte erschienen in verschiedenen Anthologien, u.a. beim Literaturpodium Berlin, in der Literaturzeitschrift RAABENHORST Braunschweig. 2021 veröffentlichte er „Zwischen Zaun und Birke".

JOACHIM GRÄBER lebt in Hamburg. Seine Gedichte erschienen in verschiedenen Anthologien und Zeitschriften, u.a. Sternenblick e.V., Literaturpodium Berlin und „Poesiealbum neu". Er ist Mitglied der Gesellschaft für Zeitgenössische Lyrik..

REGINA JARISCH, Jahrgang 1956, Dipl. Volkswirtin (FH)) lebt in Weimar und schreibt Lyrik. Veröffentlichung in Anthologien und Zeitschriften sowie die Gedichtbände: „Der weite Himmel", 2008, „lauter leben", 2015, ATHENA Verlag, „herzflug" 2020 und „tatsächlich tanzen" 2025; Weiteres unter: www.regina-jarisch.de

MONIKA JARJU, geboren 1956 in Berlin, lebt nach längerem Westafrika-Aufenthalt wieder in Berlin, zahlreiche Veröffentlichungen von Gedichten und Kurzgeschichten. Den Roman „Überall ist das Haus des Windes" veröffentlichte sie zusammen mit Ali Amini.

MARION KANNEN lebt in Berlin. Ihre Texte erscheinen in Anthologien wie der Edition Zeitsprung (2019), „unzeitgemäß – anderswo ist schon da", (2020), „Kurzes#1" (2022) und „Kurzes#3" (2024) sowie in Einzelbänden.

ANNI KAUFHOLD verfasst BioPoetry. Ihre Gedichte erschienen in verschiedenen Anthologien, u. a. in „Ich will alles von der Welt" und „Zuflucht zum Meer" (2021), der Periplaneta Verlag publizierte zwei Einzelbände. 1. Preis im Brandenburger Science Slam.

ANDRZEJ KIKAŁ lebt in Szczecin (Polen), arbeitet als Deutschlehrer. Bisher veröffentlichte er Gedichte in Anthologien in Deutschland und Polen, u.a. in der Anthologie des Köpenicker Lyrikseminars „Bis dein Blick Meer wird". Seine Texte wurden mehrfach ausgezeichnet.

MICHAEL MATZKE lebt in Wien, Österreich. Er ist als Redakteur im Österreichischen Rundfunk (ORF) im Bereich Radio tätig. Er schreibt Lyrik und Kurzgeschichten.

JÜRGEN POLINSKE erscheint u.a. in Anthologien wie der Frankfurter Bibliothek der Brentanogesellschaft und der Literareon Lyrik Bibliothek. Herausgeber von Anthologien zur internationalen Dichterbegegnung „Cità de la Poesia".

RAOUL ROTT verfasste das „Tagebuch eines Soldaten" (2023) sowie „Stories behind" (Gedichtband im Story.one publishing im Rahmen des „Young Storytellers Awards 2023"). „Punkt 12" erscheint im Mai/Juni 2025.

KATHLEEN SCHOLZ lebt in Bad Berleburg. Seit 2022 erschienen ihre Gedichte und Geschichten in verschiedenen Anthologien, u.a. in „Wenn der letzte Baum gerodet..." des Papierfresserchens MTM-Verlages und beim Literaturpodium Berlin.

MAGNUS TAUTZ lebt in Berlin. Lyrik und Theater sind seine Schwerpunkte. Veröffentlichungen in Anthologien und Zeitschriften, u. a. SternenBlick e.V., Literaturpodium Berlin und „poesiealbum neu".

DIRK TILSNER, lebt seit 30 Jahren in Lissabon. Schreibt vorrangig Lyrik und auch Kurzerzählungen. Veröffentlichungen in zahlreichen Anthologien und Zeitschriften. Sein erster Lyrikband „Blume im Exil" erscheint 2025 bei anderort – Verlag für Lyrik.

Inhalt

92

Der Mai recycelt Hoffnung

Gediche

Peter Frank, Regina Jarisch, Carsten Rathgeber, Dirk Tilsner u.v.a.

348 Seiten, Editon Dorante, 2025

Die Ankunft mit Gepäck, der Sommer grüßt von den Meeresweiten her. Die Haare salzig feucht von der letzten Welle. Ein Segelboot hält Kurs, leicht wird der Tag. Vögel sitzen im schwarzen Holunder. Geisternetze treiben ihr Unwesen unter dem arktischen Eis. In den Geröllschichten Gazas schmeckt der Tee bitter, Unrecht misst mancher mit riskanten Annahmen. Einen der Schwerpunkte des Bandes bildet das Thema Kollaps in unterschiedlichen Variationen, Kassandra tritt auf. Die Indizien für den ökologischen Niedergang zeichnen sich in die Gedichte hinein. Immer mehr entrücken grüne Wälderwände, scheinen die Gebete der Indigenen vergeblich, um den Brandherden Einhalt zu gebieten. Folge durch die Fluchten Roms, die Kreuzgänge, tangiere die Skulpturen. Einst die leeren Tempel nutzten die Mönche als Steinbrüche. Welche Rollen schreibt für uns das Theater auf den Leib? Wie verträgt sich der Ehekosmos mit anderen filigranen Freiheiten? In milder Spätsommernacht überraschen die Meteorschauer der Perseiden.

Sich an ein Lied erinnern

Erzählungen

Petra M. Dobrovolny-Mühlenbach, Zoe Fornoff, Werner Hetzschold u.v.a.

428 Seiten, Editon Dorante, 2025

Verbringen Sie eine Nacht in der Wüste mit Hornvipern. Ein alter Kirschbaum soll neuen Häusern weichen, ein Kind trauert um ihn. Schwierige und gelungene Nachbarschaft thematisieren zwei Erzählungen. Ein Ferienlager gerät in eine Hochwasserlage, die Kinder finden es spannend. Die heimlichen Spritztouren mit Vaters Auto scheinen immer wieder gut zu gehen, doch einmal passiert ein folgenschwerer Fehler. Von einem besonders schneereichen Wintereinbruch gibt es Bericht. Den Ursprüngen des DDR-Liedes „Kleine weiße Friedenstaube" wird nachgespürt. Tagebuchaufzeichnungen aus dem schweizerischen Wallis geben Einblicke in die Region, den Tönen der Klangschalen kann man im Internet zuhören. Eine junge Frau will eine Spielbank besichtigen, trotz Hindernissen gelingt es ihr am Ende. Ein Hecht wird zubereitet als Weihnachtsessen, einst muss er der Star im See gewesen sein.